Martin Fiedler

Bibel 21

Der Sinn des Lebens

Wie Fakten den Glauben überstrahlen und
die Realität Jesus Christus belegen

© 2021 Martin Fiedler

Verlag & Druck:
 tredition GmbH, Halenreie 40-44, 22359 Hamburg

ISBN:

978-3-347-39425-4 (Paperback)
978-3-347-39426-1 (Hardcover)
978-3-347-39427-8 (e-Book)

Bibliografische Information der Deutschen Nationalbibliothek: Die Deutsche Nationalbibliothek verzeichnet diese Publikation in der Deutschen Nationalbibliografie; detaillierte bibliografische Daten sind im Internet über http://dnb.d-nb.de abrufbar.

Inhalt

Vorwort

Als kleiner Junge habe ich schon nachts im Rasen gelegen und auf die Sterne im Nachthimmel geblickt und mir immer wieder die Frage gestellt, weshalb es mich gibt – weshalb wir existieren und welchen Sinn das Leben überhaupt auf der Erde hat. Und außerdem hat mich fasziniert, dass es das Leben als solches nur gibt, weil extrem viele Konstellationen zusammenpassen mussten, damit das Leben in dieser Qualität überhaupt entstehen konnte.

Diese vielen Konstellationen, wie die Bildung von Atmosphäre, Wasser, Entfernung Sonne zu Erde etc. sind umso irrsinniger, da die Alternative zu diesen „MEGA-vielen" Zufällen, das „NICHTS" gewesen wäre.

Zwei Dinge sind in meinem Leben seit damals für mich deshalb Treiber meiner Gedanken gewesen:

1. Hinter diesen wahnsinnig vielen Voraussetzungen, die im Hinblick auf die Entstehung des Lebens und der Menschheit notwendig waren, muss zwangsläufig ein perfekter mathematischer Bauplan stehen – der schönste und magischste Bauplan, der alles überstrahlt, was die menschliche Architektur in allen Facetten je hervorgebracht hat.

2. Die Alternative „NICHTS" bedeutet keinerlei Existenz – kein Leben oder sonstige Materie. Da das Universum, die Erde und das Leben aber Realität sind und letztendlich ALLES mathematischen-physikalisch sowie chemischen Gesetzmäßigkeiten zugrunde liegt, resultieren daraus zwei Fakten:

1. Fakt: Von NICHTS kann nichts entstehen!

2. Fakt: Ableitend aus den für unsere Existenz elementaren mathematischen-physikalischen und chemischen Gesetzmäßigkeiten, sowie damit verbunden dem 1. Fakt - von NICHTS kann nichts entstehen - muss zwangsläufig ALLEM eine unglaublich und für Menschen unvorstellbare gewaltige schöpferische Intelligenz zugrunde liegen.

Und in dieser Intelligenz sehe ich nicht nur eine mathematisch-physikalische-chemische Intelligenz, sondern eine zusammenführende, überirdische Intelligenz - facettenreich und komplex - welche zugleich die Schönheit zur Entwicklung und Entfaltung der menschlichen Seelen zu offenbaren scheint.

In diesem Zusammenhang mögen uns Menschen die häufig unschönen oder auch tragischen Erfahrungen in unserem Leben, aus der gegenwärtig bestehenden

Perspektive, zum Teil unverständlich erscheinen. Die unschönen und schmerzhaften Erfahrungen in unserem Leben scheinen jedoch als ein notwendiger Teil für unsere Seelenentwicklung unabdingbar zu sein. Darüber mehr in Kapitel 2 – Botschaften über den Sinn der Existenz.

Dennoch sehe ich persönlich den Bauplan der Welt (und des Universums) als perfekt an, denn er beruht auf für uns nachvollziehbaren mathematischen, physikalischen und chemischen Gesetzen und diese sind einfach nur Fakt – nur die Menschen selbst sind dabei das schwächste Glied in der Kette und müssen auf dem Weg zur Erweiterung der Weisheit der Seele oft schmerzhaft erfahren und lernen, dass sie die „Unvollkommenen" in einem „Vollkommenen" System sind, welches nur ein großes Ziel ansteuert:

Die VEREINIGUNG allen Lebens in einer nicht auf Materie beruhenden Welt und die Rückkehr zur bedingungslosen Liebe.

1. Einleitung

Innerhalb der Einleitung möchte ich zum einen kurz über meine Person informieren, zum anderen einen kleinen Überblick über die weiteren Buchinhalte geben.

Was hat sich getan, seit der kleine Junge in den Sternenhimmel blickte und er sich die Frage nach dem Sinn des Lebens stellte.

Meine persönliche Entwicklung basiert auf den beiden bereits genannten Ursprungsgedanken, die ich schon als Kind hatte. Über einen Titelbestandteil dieses Buches „Der Sinn des Lebens" zu schreiben, macht aus meiner Sicht auch nur Sinn, sofern man als Autor in jeder Hinsicht die eigenen intrinsischen Fähigkeiten bewusst und strategisch in sein Leben einbringen konnte. Mit anderen Worten: Der Sinn des Lebens besteht unter anderem darin, seine eigenen Fähigkeiten zu entdecken und diese auch ausleben und zur Entfaltung bringen zu können.

Ursprünglich hatte ich nach meinem Abitur mit einem Architekturstudium begonnen, da ich aber nicht Freihandzeichnen konnte – wir mussten da in vielleicht einer Stunde ganze Landschaften zeichnen – habe ich mich relativ schnell für ein Studium der Betriebswirtschaftslehre entschieden, welches ich in Mainz auch erfolgreich abgeschlossen habe.

Nach meiner Diplom-Arbeit im Handel habe ich dann eine Handelskarriere im Vertrieb gestartet und bin bis heute mit großer Begeisterung im gehobenen Vertriebsmanagement für die Entwicklung von Managern verantwortlich.

So wie das Universum einem großartigen Architekturbauplan unterliegt, gilt es auch – um ein erfolgreiches und damit zugleich sinnhaftes Leben führen zu können – eine eigene Lebensarchitektur zu entwickeln, die auf den eigenen intrinsischen Motiven beruht.

Meine „Lebensarchitektur" basiert auf Erkenntnissen, die ich im Rahmen von bisher drei Büchern beim Verlag Springer Gabler veröffentlichen konnte.
Das erste Buch mit dem Titel „Anleitung zum Erfolg", (1. Auflage 2012 unter dem Titel „Persönlichkeit und Erfolg) wurde als 3. Auflage im Jahr 2020 veröffentlicht.

In „Anleitung zum Erfolg" werden universelle Gesetzmäßigkeiten für Lebenserfolg innerhalb einer leicht verständlichen Geschichte dem Leser nähergebracht.

Diese Gesetzmäßigkeiten haben mich unter anderem dabei unterstützt meine persönliche Entwicklung, Zufriedenheit und damit Glücksempfinden in Balance zu halten und damit letztlich persönlich erfolgreich zu sein, denn Erfolg ist an die eigene Zufriedenheit gekoppelt.

Im Wesentlichen geht es dabei darum, im Leben eigene Aufgaben zu finden, für die du Liebe, Begeisterung und Hingabe empfindest. Dann wirst du in dem was du tust vermutlich immer besser sein als der Durchschnitt und damit letztlich als Abfallprodukt deines Wirkens meist mehr Geld verdienen als der Durchschnitt. Wer liebt erweitert seinen Verstand. Dieser kann sich ausdehnen und man öffnet gewissermaßen die Pforte in eine wunderbare Welt. Somit kann man seine oft latenten Selbstverwirklichungsbedürfnisse befriedigen.

Und versuche die Dinge stets positiv anzugehen – ein Lächeln kostet nichts – macht aber andere möglicherweise glücklich. Was du ausstrahlst kommt zu dir zurück und damit kannst du sogar deine eigenen Wertschätzungsbedürfnisse befriedigen.

Und habe Respekt und respektiere andere. Achte auf deren Selbstwertgefühl, somit wird man auch bei unterschiedlichen Auffassungen mit allen Menschen erfolgreich Gespräche führen können. Das befriedigt zudem die eigenen sozialen Bedürfnisse nach erfolgreicher Kommunikation mit anderen.

Sie sehen, die Achtung dieser Gesetzmäßigkeiten bringt Bedürfnisbefriedigung und damit Glücklichsein. Diesen Zustand würde ich auf jeden Fall als persönlichen Erfolg ansehen, denn die Berücksichtigung der von mir geschilderten universellen Gesetzmäßigkeiten schafft gleichzeitig nach INNEN und nach AUSSEN gerichtete Zufriedenheit und damit Erfüllung. Dies ist doch sinnhaft oder nicht?

Die wertvollsten Dinge im Leben kann man sich eben nicht kaufen: Persönlichen Erfolg, der an die innere Zufriedenheit gekoppelt ist, Liebe und Begeisterung für Aufgaben und Lebensinhalt, Wertschätzung durch andere, Freunde, Gesundheit, um nur einige zu nennen.

Zudem sei noch erwähnt, dass man sich von jeglichen negativen Emotionen, wie Neid oder Missgunst etc. distanzieren sollte und diese ersetzen, indem man sich für andere und deren Erfolg immer aufrichtig freuen kann – was bedeutet, dass man ohne Ausnahme stets positives Wirken praktizieren sollte.

Diese Gesetzmäßigkeiten haben mir auch bei meinen Führungsaufgaben und bei der Entwicklung meiner Führungskräfte sehr geholfen.

Als Führungskraft, kannst du ja nur erfolgreich sein, wenn Du wiederum die Führungskräfte, für die du verantwortlich bist, befähigen und entwickeln kannst.

Meine Erkenntnisse aus der Personalführung konnte ich in meinem 3. Buch mit dem Titel „Erfolgreiche Mitarbeiterführung und Steuerung im Retail-Business" veröffentlichen. Und diese Erkenntnisse habe ich zudem empirisch belegen können. Durch die Anwendung und Umsetzung der von mir entwickelten und verfeinerten Führungsprinzipien resultieren im Vergleich nachweisbar die mit Abstand besten ökonomischen Kennzahlen. Somit stellen diese Erkenntnisse ein Novum im Bereich der Darstellung von Führungsprinzipien in der Fachliteratur dar.

Und diese Inhalte konnte ich wiederum in dieser Form nur entwickeln, da ich stets auf der Grundlage meiner vorgelagerten Erkenntnisse, die ich in dem Buch „Anleitung zum Erfolg" beschrieben habe, gedacht und gehandelt habe. Also baut letztlich alles aufeinander auf.

Stets habe ich persönliche Wissenserweiterung in der Folge bewusst und strukturiert einsetzen können.

Warum erzähle ich das alles, fragen Sie sich vielleicht?

Nun, das worüber ich in dem Werk „Bibel 21 – Der Sinn des Lebens" – schreibe, ist etwas Besonderes – es ist ein großer Titel. Und die Fakten sowie Indizien der Realität Jesus Christus sind noch viel größer.

Es ist wunderbar und magisch zu gleich. Und es ist aus meiner Sicht das größte und Wichtigste Thema der Welt. Und deshalb ist es mir wichtig, dass Sie wissen, dass hier nicht irgendein „Verrückter" ein Buch schreibt über die größte Sache ALLERZEITEN.

Zudem ist es mir wichtig von meiner persönlichen Entwicklung im Leben zu berichten, um nachvollziehen zu können, weshalb der Gedanke in mir entstanden ist, dieses Buch zu schreiben.

Ein Buch zu schreiben hilft im Übrigen bereits dem Autor dabei, seine zahlreichen Erfahrungen und Gedanken zu kanalisieren und die Sprache als solche dient zudem dazu viele Dinge noch transparenter werden zu lassen. Insofern kann es jedem bei seiner persönlichen Entwicklung dabei helfen, wenn Gedanken niedergeschrieben werden, auch wenn es nicht gleich ein Buch zur Veröffentlichung sein muss. Sobald man schreibt fließt Energie und dies hilft dabei Gedanken klarer zu sehen.

Unser Denken formt uns, unsere Persönlichkeit und unseren Charakter. Und wir haben Einfluss auf unser Denken. Und es ist interessant sich über das eigene Denken Gedanken zu machen. Deshalb befasst sich Kapitel 1 damit, wie unser Denken unser Leben bestimmt.

In Kapitel 2 habe ich die wichtigsten Botschaften eines Mediums über den Sinn der Existenz zusammengefasst und damit einhergehend die Entwicklung und Weisheit unserer Seele. Mit den Informationen aus diesen Trancebotschaften wird aber kein Anspruch an fundierte wissenschaftliche Erkenntnisse erhoben. Diese Informationen sind als hypothetisch anzusehen. Meine Auffassung ist es aber, dass diese konkreten Informationen eine Bereicherung für den gesamten Kontext darstellen.

In Kapitel 3 streife ich leicht verständlich Fakten, die wir aus dem Bauplan des Universums ableiten können.

In Kapitel 4 folgen dann Fakten und Indizien der Auferstehung Jesus Christus auf der Grundlage rein wissenschaftlicher Untersuchungen des Turiner Grabtuches.

Dieses Buch soll nicht einfach nur Fakten aufzeigen, welche die Auferstehung und damit Realität Jesus Christus belegen.

Der Sinn unseres Lebens ist doch elementar und ist letztlich untrennbar mit der Realität Jesus Christus verbunden. Insofern ist der Titel „Bibel 21" und der „Sinn des Lebens" ein Werk, das aus einer anderen Perspektive zur traditionellen Bibel den ultimativen Lebenssinn in Verbindung mit Jesus Christus darstellt. Es geht dabei um die Erweiterung von gebündeltem Wissen das den Glauben ersetzen kann.

Selbst damals als Jesus Christus leibhaftig vor Menschen stand und praktisch direkte Beweise der Auferstehung lieferte, gab es „Zweifler", obwohl diese es leibhaftig miterlebt haben. Wie muss es dann erst uns Menschen heute gehen, die das Ganze nicht miterlebt haben. Es gab aber auch Wissende und diesen Zustand zu wissen erachte ich persönlich als den deutlich Besseren.

Wissen statt Glauben ist für mich als analytisch und logisch denkenden Menschen die einzige Option. Umso faszinierender sind die wissenschaftlichen Erkenntnisse und die unglaubliche Summe an Fakten und Indizien, dass Jesus Christus und die Auferstehung Realität sein muss.

Und gerade die Auferstehung ist dabei das alles Entscheidende. Denn ohne die Auferstehung wäre das gesamte Christentum nichts wert.

Reine Fakten überzeugen Menschen nicht immer. Die Schönheit, Klarheit und Perfektion der mathematischen Grundlagen des Universums nur ein wenig an der Oberfläche zu streifen und die Macht und Entwicklung unserer Gedanken nachvollziehen zu können, eröffnet eine wunderbare Welt und verändert unsere eigene Perspektive und unser Verständnis auf die Welt.

Dieses Buch ist für alle Menschen, die mehr wissen möchten über

... den Sinn des Lebens

... über persönlichen Erfolg

... und die Faszination der Realität Jesus Christus.

Ich hoffe, dass dieses Werk dazu beitragen kann, begreiflich zu machen, dass Jesus Christus Realität und dass Glauben praktisch überflüssig geworden ist.

2. Unser Denken bestimmt unser Leben

„Achte auf deine Gedanken, denn sie werden Worte, achte auf deine Worte, denn sie werden Handlungen, achte auf deine Handlungen, denn sie werden Gewohnheiten, achte auf deine Gewohnheiten, denn sie werden dein Charakter, achte auf deinen Charakter, denn er wird dein Schicksal" (von Charles Reade 1814-1884)

Allein unsere Gedanken sind der Ursprung für alles entstehende und in ihnen liegt der Schlüssel für ein erfülltes Leben. Wir selbst können bestimmen was wir denken und damit darüber entscheiden wie wir die Welt wahrnehmen und wohin wir uns persönlich entwickeln.

Wenn wir denken, dass unser Nachbar ein „Idiot" ist, dann ist er ein „Idiot", weil wir so denken und weil dieses Denken Teil unserer Weltanschauung ist. Und wenn wir denken, dass wir eine schwierige und unschöne Kindheit hatten, dann ist das so, weil wir so denken. Wenn wir denken, dass das Regenwetter schlecht ist, dann ist es schlecht, weil alles so ist, wie wir denken. Wir besitzen aber auch die Macht über unser Denken und wir können uns auch dafür entscheiden zu denken, dass unser Nachbar in Ordnung ist, somit ist er auch in Ordnung weil wir so denken. Wir können auch denken, dass unsere Kindheit gut war, dann war sie gut, weil wir so denken und wir können auch denken, dass das Regenwetter schön und gut für die Pflanzen ist, dann ist es so. So einfach funktioniert das Denken.

Wir alleine kreieren unsere Welt durch unser Denken. Und somit bestehen so viele Welten wie Menschen existieren. Mit dieser Macht sollten wir bewusst, respektvoll und vorsichtig umgehen. Denn durch unser Denken wird unser Charakter geformt.

Sämtliche Handlungen resultieren aus unseren Gedanken.

"Wenn ein Mensch im Bewusstsein böse Gedanken hegt, kommt Schmerz über ihn, wie das Rad hinter dem Ochsen kommt. Wenn einer reine Gedanken hegt, so folgt die Freude ihm wie sein eigener Schatten – gewisslich." (James Allen).

So wie in der materiellen und sichtbaren Welt Ursache und Wirkung zusammenhängen, gilt dies ebenso in der Gedankenwelt.

"Ein edler und gottgleicher Charakter ist kein Ding der Gunst oder des Zufalls, sondern das natürliche Ergebnis fortwährender Bemühungen um das rechte Denken, das Resultat eines lange gepflegten Bündnisses mit gottgleichen Gedanken. Ein unwürdiger und grober Charakter ist aufgrund desselben Prozesses das Ergebnis fortwährender Hege niedriger Gedanken." (James Allen)

„Der Mensch erschafft oder verwirkt sich selbst. In der Schmiede der Gedanken fertigt er die Waffen an, mit denen er sich selbst vernichtet. Er fertigt gleichfalls die Werkzeuge an, mit denen er himmlische Wohnstätten der Freude, Kraft und des Friedens für sich errichtet. Wählt er die rechten Gedanken und setzt sie wahrhaft ein, so steigt der Mensch zur göttlichen Vollkommenheit empor. Durch Missbrauch und falschen Einsatz von Gedanken sinkt er unter die Ebene des Tiers hinab. Zwischen diesen beiden Extremen liegen sämtliche Grade von Charakteren, und der Mensch ist ihr Schöpfer und Herr." (James Allen)

Wir sollten täglich bewusst bemüht sein, ein besserer Mensch zu werden, als am Tag zuvor.

Es beginnt immer mit dem ersten Gedanken dafür. Und nach meiner Auffassung mit fortwährender Selbstreflexion.

Und da ich persönlich gerne mit Anleitungen arbeite - ich bevorzuge Kurzbedienungsanleitungen - möchte ich nochmal ein Gedankengerüst als Grundlage zur Gedankenentwicklung anbieten, damit es mit den wirklich edlen Gedanken leichter in der Praxis funktioniert:

1. Finde heraus wer du bist, welche Talente und Fähigkeiten du hast. Hast du damit Schwierigkeiten, führe ein Tagebuch und

schreibe täglich auf, was dir gut gelungen ist. Vermutlich erscheint dir das am Anfang als etwas komisch. Schaust du dir deine Einträge aber nach einigen Wochen nochmal an, kannst Du Dinge entdecken, die dir zuvor vielleicht verborgen blieben. In jedem steckt ein verborgenes Genie. Dies gilt es zum Vorschein zu bringen und fortan diese intrinsischen Aspekte zu fördern, zu entwickeln und diese in das eigene Leben einzubringen. Es geht dabei darum im Einklang mit der eigenen Persönlichkeit zu leben. Dies ist die nach Innen gerichtete Aufgabe, wohin man sein Denken lenken sollte.

2. Praktiziere täglich positives Wirken nach außen: Lächle und überlege dir schon morgens drei Dinge vorauf du dich freust.
   Zum Beispiel: Ein gutes Mittagessen, einen Freund zu treffen, Sport zu treiben;
   Sei einfach im wahrsten Sinne des Wortes ein Sonnenschein.

3. Sei höflich und respektvoll zu allen und jedem; Achte das SWG (Selbstwertgefühl) von deinen Gesprächspartnern und du wirst auch bei unterschiedlichen Auffassungen immer eine weiterführende Gesprächsbasis haben.

4. Werfe alle negativen Gedanken und Emotionen über Bord.

In deinem Leben dürfen fortan kein Platz sein für:

- Neid
- Missgunst
- Hass
- Hinterlist
- etc.

Ersetze diese negativen Gedanken durch positive wohlwollende Emotionen. Freue dich für andere und deren Erfolg. Sei aufrichtig in deinem Denken und Handeln.

Wer sein Denken an dieses Gedankengerüst knüpft, sich reflektiert und als Ziel verfolgt sich täglich zu bemühen ein besserer Mensch zu werden, wird sich persönlich weiterentwickeln.

Und das persönliche Streben nach Entwicklung ist sinnhaft. Ein sich orientierungslos treiben lassen schafft keine nachhaltige Zufriedenheit und damit auch keinen nachhaltigen Erfolg oder Glücksempfinden.

3. Botschaften über den Sinn der Existenz

„Des Menschen Seele gleicht dem Wasser. Vom Himmel kommt es, zum Himmel steigt es. Und wieder nieder zur Erde muss es. Ewig wechselnd"… (J. W. von Goethe)

„Seitdem wir vom Baum der Erkenntnis gegessen haben, ist das Paradies verriegelt und der Cherub hinter uns. Wir müssen die Reise um die Welt machen und sehen, ob es vielleicht von hinten irgendwo wieder offen ist." (H. von Kleist)

In diesem Kapitel versuche ich zusammenzufassen, was ich über die Trancebotschaften eines Mediums über den Sinn der Existenz erfahren konnte. Diese Informationen sind nicht wissenschaftlich und als hypothetisch anzusehen.

Ein Medium besitzt die Fähigkeit sogenannte Durchsagen aus dem Jenseits zu empfangen. Varda Hasselmann und Frank Schmolke haben in dem Buch „Weisheit der Seele" – Trancebotschaften über den Sinn der Existenz - dieses Thema beeindruckend und sachlich dargestellt.

Vergleichbar mit den Entwicklungsschritten des Menschen vom Neugeborenen zum Kind, Jugendlichen, Erwachsenen bis hin zum älteren Senior, hat auch die Seele über viele Jahrhunderte und Jahrtausende einen Inkarnationszyklus zu durchschreiten. Und dies gilt ausnahmslos für alle Menschen.

Dabei werden fünf Seelenzyklen vorgestellt:

- Säugling-Seele
- Kind-Seele
- Junge-Seele
- Reife-Seele
- Alte-Seele

Jeder dieser Seelenzyklen umfasst demnach weitere jeweils sieben klar definierte Stufen – also insgesamt 35 Stufen - wobei jeder Stufe eine eindeutige Entfaltungsaufgabe zugrunde liegt.

Jede Entfaltungsaufgabe kann ein bis vier Menschenleben in Anspruch nehmen und die nächste Stufe kann jeweils erst beginnen, sofern die vorherige Entfaltungsaufgabe erfüllt ist.

Dabei gibt es keinerlei Wertigkeit zwischen den Stufen. Es gibt ja auch keine Wertigkeit zwischen einem Baby, Kind oder Erwachsenen. Jeder Mensch durchlebt gewöhnlich viele Altersschritte. Und so wie ein Mensch reift, reift auch die Seele. Nur benötigt die Seele viele Menschenleben, bis diese sämtliche Entfaltungsaufgaben durchlaufen und abgeschlossen hat.

Eine Affinität für diesen Ansatz – so beschreiben es die Autoren – haben im Übrigen erst „Reife-Seelen" der dritten Stufe, die dann auch deren Seminar besuchen, um beispielsweise ganz konkret erfahren zu können, welche Lebensaufgabe sie gerade durchlaufen.

Selbst die politische Gesellschaftsform wird demnach bestimmt durch die Zusammensetzung des Reifegrades der Seelen. In der Bundesrepublik Deutschland seien rund fünfzig Prozent Junge Seelen und knapp dreißig Prozent Reife Seelen.

„Junge-Seelen" der ersten Stufen, neigen zu fundamentalistischen Haltungen. Es gibt deshalb auch nicht richtige oder falsche Vorstellungen oder Grundhaltungen. Diese sind in der Regel dem Seelenalter angemessene Haltungen.

Wenn beispielsweise ein vierjähriges Kind an den Weihnachtsmann glaubt, dann ist das gut so und wir sollten dem Kind auch diese Vorstellung nicht ausreden. Bei einem Erwachsenen wäre diese Vorstellung allerdings nicht passend.

Es gibt also auch bei der Seelenentwicklung keine bessere oder schlechtere Stufe. Wir Menschen durchlaufen nach diesem Ansatz alle Stufen.

Sind alle Stufen durchlaufen, so die Autoren, vereinigt sich die Seele mit seiner Seelenfamilie, die in der Regel aus rund 1000 Einzelseelen bestehen.

Und auch in diesem Bereich, muss sich die Seelenfamilie weiterentwickeln um höhere Schichten erreichen zu können. Im Übrigen erhält das Medium Varda Hasselmann ihre Durchsagen von einer solchen wiedervereinigten Seelenfamilie – sie nennt sie die Quelle und diese besteht aus den Seelenessenzen von Weisen und Gelehrten - welche gerne unterstützen und helfen, um auch ihre eigene Entwicklung voranzutreiben.

Das Ziel der Entwicklung und Entfaltung der Seele wird als ein Weg zur Liebe und zum Allganzen zurück beschrieben.

Das Allganze kann in unserer Vorstellungskraft als eine Art Schichtenmodell verstanden werden. Diese Schichtung verschiedener Schwingungsintensitäten und Schwingungsqualitäten von Energie verfügt über mehr Liebe und Verstehen, je höher die Schwingungsebene ist.

Diese Hypothesen der Seelenentwicklung über viele Menschenleben, indem wir zwischen 35 bis über 100 Mal inkarniert werden, ist ein Ansatz, der durchaus im Kontext mit dem steht, was insgesamt der Sinn des Lebens ausmacht – nämlich die Entwicklung der Liebe in allen Facetten - um im biblischen Sinne die

Vertreibung aus dem Paradies wieder umkehren zu können, für eine Rückkehr zum ALLGANZEN.

Die Tatsache, dass es viel Ungerechtigkeit und Böses auf der Welt gibt und auch unglaublich schlimme Schicksalsschläge und Leid, sowie Kriege etc. ist nach den Durchsagen, wie es das Medium beschreibt, eine unumstößliche Notwendigkeit zur Seelenentwicklung.

Das Medium kann im Übrigen alle nur denkbaren Fragen an die Quelle stellen - zum Beispiel den Sinn eines Krieges oder eines konkreten Unglücks erfragen. Die Quelle antwortet darauf und aus diesem Grund konnte mittlerweile eine umfassende Struktur und Wissen aus dieser nichtmateriellen Welt zusammengetragen werden.

Manche Menschen haben sich möglicherweise von Jesus Christus abgewandt, weil ihnen vielleicht persönlich schlimmes zugestoßen ist oder sie möglicherweise das Leid auf der Welt nicht mehr mit dem Glauben an Jesus Christus vereinbaren können.

Wir Menschen sind jedoch die „unvollkommenen" in einer „vollkommenen" Welt und wie ich bereits dargestellt habe sind wir Menschen das schwächste Glied in der Kette.

Wir sind die Gestalter, wir schmieden unser Schicksal, wir sind die unperfekten in einer perfekten

Welt. Wir bringen Leid über uns. Wir waren im biblischen Sinne die, welche von der verbotenen Frucht gegessen haben und deshalb aus dem Paradies vertrieben wurden.

Es passt also geradezu zu uns Menschen Verantwortung abzulehnen und uns bequem in die Opferrolle zu begeben und als Schmied unseres bescheidenen Schicksals den Glauben an Jesus Christus weit von uns zu schieben.

Wir sind diejenigen die nicht klagen, sondern unseren geistigen Möglichkeiten im Vergleich zur Tierwelt Ehre erweisen und mit voller Dankbarkeit dieses wunderbare Leben gestalten sollten.

Stattdessen nutzen wir nur einen Bruchteil unserer geistigen Fähigkeiten.

Wer nicht versteht oder nachvollziehen kann oder vorschnell urteilt, sollte erstmal seinen Verstand nutzen und seine Perspektive verändern. Und das tue ich, indem ich, trotz meiner analytisch-rationellen Veranlagung offen bin für Perspektivenwechsel.

Aus diesem Grund sehe ich die Informationen in diesem Kapitel als adäquaten Mosaikstein im Gesamtkontext.

4. Wissen statt Glauben

Neben den heiligen Schriften ist das Wort Gottes in sämtlichen realen Gesetzen des Universums verankert.

Die Welt in der wir leben und wir selbst wurden, sofern wir von der Zufallstheorie absehen, von unserem Schöpfer geschaffen.

Es macht deshalb Sinn sich mit den Gesetzen dieser realen Welt und des Universums auseinanderzusetzen, denn es sind somit die realen Gesetze Gottes.

Sofern wir gegen naturwissenschaftliche Gesetze verstoßen, werden Naturgesetze unsere Richter sein und wir unsere eigenen Henker. Beispielsweise ist es unsere Entscheidung einen giftigen Pilz zu essen oder nicht – wir haben die Wahl, wobei Unwissenheit oder Dummheit vor der Strafe nicht schützen.

Über die Entstehung des Universums gibt es unterschiedliche Theorien. Man vermutet aber, dass hochverdichtete Masse in einer gigantischen Explosion – der Urknalltheorie – schlagartig begann zu expandieren. Nach dieser Theorie dehnt sich das Universum fortlaufend unendlich weiter aus.

Es gibt weitere Theorien, die besagen, dass sich das Universum bis zu einem bestimmten Punkt ausdehnt und danach wieder zusammenzieht, um wieder in einer hochverdichteten Masse zu enden.

Gravitation ist die Kraft im Universum die Planeten und Sonnen zusammenhält. Größere Massen ziehen kleinere Massen an, so wie die Sonne die Erde, wodurch deren Umlaufgeschwindigkeit kleiner wird. Nach diesem Vorgang wird dann in einigen Milliarden Jahren die Sonne die Erde in sich aufnehmen.

Das Universum ist in der Grundstruktur aus den kleinsten Teilchen (u. a. Elektronen, Neutronen, Protonen, Neutrinos, Myon, Baryonen, Quarks) aufgebaut. Daraus haben sich viele gigantische Galaxiensysteme entwickelt. All dies beruht auf physikalischen Gesetzmäßigkeiten und deshalb muss zwangsläufig allem eine Intelligenz zugrunde liegen, die bereits vor dem Urknall existent war.

Und sämtliche aufgebaute Materie ist eine Art von Leben. Denn alles besitzt eine bestimmte Form von Intelligenz und ist deshalb auch Ausdruck einer Art von Lebensform.

Intelligenz wird unter anderem definiert mit Auffassungsgabe, Klugheit, Wissen etc.

Somit besitzen nicht nur Menschen Intelligenz, sondern auch Tiere oder Pflanzen.

Pflanzen richten zum Beispiel ihre Blätter nach der Sonne aus, was eine Form von Auffassungsgabe und/oder Wissen voraussetzt. Dies ist gespeichertes Wissen.

Materie zieht Materie an, um sich zu vereinigen. Durch die Gravitationsenergie fällt beispielsweise eine Kokosnuss zur Erde. Die größere Masse zieht die kleinere Masse an. Dies kann auch als eine Art Auffassungsgabe und damit Intelligenz angesehen werden.

Beide Massen, sowohl die Erde als auch die Kokosnuss stellen jeweils fest, dass eine Anziehung (Gravitation) ausgesendet wird und veranlassen, sich auf den anderen Körper zuzubewegen. Die Materien wissen in welcher Richtung sie sich befinden und wer sich auf wen zubewegt. Daraus resultiert, dass Materie über ein Kommunikationssystem verfügt und damit letztlich das gesamte Universum.

Bis heute kann man Gravitation zwar messen, aber deren Ursprung nicht begründen.

Letztlich besitzt alle Materie schöpferische Struktur und alles unterliegt mathematischen-physikalischen und chemischen Gesetzen. Alles besitzt im Großen wie im Kleinen Struktur und das Große ist aus dem Kleinen aufgebaut.

Nun kann man die Hypothesen aufstellen, dass entweder alle Struktur dem Zufall unterliegt oder die Struktur durch eine höhere Intelligenz entstanden ist.

Meine Auffassung: Da alles Schöpferische klaren, eindeutigen, nachvollziehbaren und logischen Gesetzmäßigkeiten und Strukturen unterliegt und diese Gesetzmäßigkeiten und Strukturen uns bisher kein einziges Beispiel liefern konnten, dass etwas aus dem NICHTS entstehen kann, muss zwangläufig ALLEM eine schöpferische Kraft zu Grunde liegen, die auch eine klare Vorstellung und ein Bauplan zur Realisierung eines großen Ziels hat.

Und dieses Ziel der Vereinigung und Rückkehr zum ALLGANZEN oder Rückkehr ins Paradies oder Vereinigung in einer nichtmateriellen Welt in Verbindung mit der Entwicklung unserer Seele und Liebe, scheint bei Betrachtung unterschiedlichster Ebenen in diesem Buch nicht unrealistisch zu sein.

Denn sowohl die Aspekte unseres Denkens, als auch die Informationen über die Entwicklungsschritte unserer Seele und die Betrachtung was wir über unsere Welt und das Universum in Erfahrung bringen konnten, ergibt ein in sich harmonierendes Gesamtbild. Jeder Bereich ist wie ein Mosaikstein und alle Bereiche zusammen ergeben ein Bild von einer wunderbaren und überirdisch liebenden Kraft.

5. Fakten der Auferstehung

Überlagert wird dieses Gesamtbild von den weltweit umfangreichsten wissenschaftlichen Erkenntnissen über das Grabtuch eines Mannes, aus denen seine Auferstehung abgeleitet werden kann.

Aus diesem wissenschaftlich in mehr als 500.000 Stunden umfangreichsten untersuchten Objekt der Welt resultiert ein Ergebnis, welches das unglaubliche Phänomen einer Auferstehung zu belegen scheint.

Diese Auferstehung ist in unglaublich vielen Details übereinstimmend mit den biblischen Überlieferungen zur Auferstehung Jesus Christus. Es ist das Grabtuch von Turin.

Das Grabtuch von Turin zeigt mit sehr hoher Wahrscheinlichkeit den Körper und das Gesicht von Jesus Christus, das im Moment der Auferstehung durch ein komplexes physikalisches Phänomen vom Körper auf das Tuch übertragen wurde.

In den vielen Jahrhunderten bis heute musste das Grabtuch mehrmals aus dem Feuer gerettet werden. Dabei mussten einzelne Teile repariert und ersetzt werden. Ein Test aus dem Jahr 1988, der das Tuch auf das Mittelalter datierte wurde nachweislich mit einem solchen Eckstück des Tuches gemacht, das zu dieser Zeit zur Reparatur und Restauration nachträglich an das Tuch angefügt wurde.

Dieses zur Restauration benutzte Stück besteht aus Baumwolle, während der unversehrte Teil des Tuchs aus Leinen besteht. Leinen ist deutlich strapazierfähiger und stabiler als Baumwolle, da die Flachsfaser an sich extrem reißfest ist. Das führt dazu, dass Produkte aus Leinen außergewöhnlich langlebig sind. Baumwollprodukte nutzen mit den Jahren immer mehr ab.

Mit der Radiokarbonmethode hatte man bereits 1982 analysiert, dass dieses Grabtuch aus dem Jahr 30 bis 70 stammen muss. Das Tuch hat eine Länge von 440 cm und eine Breite von 110 cm. Die Größe des abgebildeten Mannes auf dem Tuch ist 180 cm.

Die Männer im ersten Jahrhundert waren durchschnittlich 165 cm groß und damit durchschnittlich 15 cm kleiner.

Der Stoff des Tuches ist von sehr hoher Qualität, welchen sich deshalb nur reiche Personen leisten konnten.

Dies stimmt überein mit Berichten aus der Bibel. Dort wird von dem reichen Jünger Joseph erzählt aus Arimathia (Mathäus 27,57,58) ...*Am Abend aber kam ein reicher Mann von Arimathia, der hieß Joseph, welcher auch ein Jünger Jesu war. Der ging zu*

Pilatus und bat ihn um den Leib Jesus. Da befahl Pilatus man sollte ihm ihn geben….

Bei der Einbalsamierung des Leibes wurden über ein Dutzend Kräuter und Pollen verwendet, deren Spuren im Tuch analysiert wurden und die ausschließlich in der Nähe von Jerusalem in Israel wachsen und auf die Zeit Jesus Christus datiert wurden.

Analysierter Schmutz am Fußende des Tuchs wurde dem Bereich um das Damaskustor in Jerusalem zugeordnet.

Auf die Augen wurden Münzen gelegt, deren Abbild ebenfalls auf das Tuch übertragen wurden und die eine Prägung von Kaiser Tiberius haben. Diese stammen aus der Zeit von 29 bis 32 des ersten Jahrhunderts.

Die Untersuchungen und Analysen ergaben eindeutig, dass auf dem Grabtuch ein gekreuzigter Mann abgebildet ist mit Wunden an Händen und Füßen. Die Daumen sind verkrampft nach innen gebogen, was zeigt, dass die Nägel, welche durch die Handgelenke geschlagen wurden, die Nervenbahnen penetriert haben.

Die Analysen ergaben zudem, dass dem Mann mit einem spitzen Gegenstand in die Seite des Oberkörpers gestochen wurde. Dies deckt sich mit dem Bericht aus der Bibel (Johannes 19, 34) *... einer* *der Soldaten stieß mit der Lanze in seine Seite, und sogleich floss Blut…*

Zudem sind unfassbar viele Spuren einer Folterung mit 120 Wunden analysiert worden. Diese resultieren aus Schlägen mit einer römischen Peitsche, die mit 3 Bleikugeln ausgestattet war. In der Summe sind 270 Wunden sichtbar und können auf rund 600 Wunden hochgerechnet werden, da das Grabtuch zwar die Vorder- und Rückseite abbildet, aber nicht die Seiten des Körpers.

Die Untersuchungen ergaben auch, dass zwei unterschiedlich große Männer die Folterung ausgeführt haben, wobei einer ein Linkshänder war.

Ebenso wurden die Spuren der Dornenkrone analysiert, welche mit 30 Punktierungen am Kopf sichtbar sind.

Die Blutresteanalysen des Typs AB auf dem Grabtuch ergaben einen hohen Kreatinin- und Ferritinspiegel, welchen man gewöhnlich im Blut von gewaltsam Getöteten finden kann.
Der Mann im Grabtuch hat zweifelsfrei einen sehr grausamen Tod erlitten. Die unterschiedlich analysierten Blutreste zeigen eindeutig sowohl Blutreste eines Toten als auch Blut, das nachweist, dass die Person zuvor lebendig war. Die Ursache hierfür liegt darin, dass noch während der Geißelungen im lebenden Zustand Blut aus den

Wunden auf die Haut kam und danach auf das Tuch übertragen wurde und ebenso Blut nach dem Eintritt des Todes auf das Tuch übertragen wurde, beispielsweise durch den Austritt des Blutes auf die Haut unmittelbar nach dem Lanzeneinstich, zu dessen Zeitpunkt Jesus Christus bereits tot war.

Es bestehen keine Anzeichen auf Verwesung, was darauf schließen lässt, dass der Mann nach seinem Tod maximal 48 Stunden in das Tuch eingewickelt war.

Das Blut auf dem Tuch blieb kurioserweise rot, obwohl es sich normalerweise durch Oxidation dunkel färben müsste. Das Blut befand sich auch bereits auf dem Tuch, bevor das Abbild im Tuch entstand. Die Abbildung des Mannes wurde nicht unter den Blutflecken übertragen.

Auf dem Grabtuch wurden außerdem Buchstaben in den Sprachen Aramäisch, Latein und Griechisch entdeckt und von Barbara Frale analysiert. Diese Buchstaben dienten dazu den Körper des Toten zu kennzeichnen. Papyrusstreifen mit großen Buchstaben, die auf den Kopf gelegt wurden, zeigen deutlich lesbar den Namen „Yahushua Nnazarennos" – Jesus von Nazareth sowie weitere Informationen, die laut Analysen aus dem 1. Jahrhundert stammen.

Im Jahr 2006 fand man bei der Analyse des Gesichtsabdrucks auf dem Grabtuch drei hebräische

Buchstaben, welche durch ultraviolettes und Infrarotlicht sichtbar wurden. Die Buchstaben bilden das hebräische Wort für „Lamm", welches im zweiten Buch Mose genutzt wird und Jesus Christus als Pessachlamm bezeichnet (1. Korinther 5,7).

Die Abbildung auf dem Grabtuch ist extrem dünn, nur 0,007 Millimeter, das entspricht 7 Mikrometern. Mehrere Jahre hat man versucht das Abbild auf Leinen zu reproduzieren.

Dafür hat man High-Tech-Laser genutzt, die kurze Stöße von ultraviolettem Licht aussenden. Dadurch konnte man technisch eine grobe Annäherung an die Beschaffenheit des Abbildes auf dem Grabtuch zumindest auf ein paar Quadratzentimetern erreichen. Jedoch ist es auch mit der heutigen zur Verfügung stehenden Technik nie gelungen ein gesamtes authentisches Duplikat herzustellen.

Der Experimentalphysiker Paolo Di Lazzaro sagt, dass das zur Herstellung der Abbildung notwendige ultraviolette Licht stärker sein muss, als alle ultravioletten Lichtquellen, die heute weltweit zur Verfügung stehen.

Zur Herstellung einer solchen Abbildung seien Stöße erforderlich, die kürzer seien als ein 40 milliardstel einer Sekunde und eine Leistung von mehreren Milliarden Watt haben. Dabei dürfe der Lichtstrahl höchstens 1 hundertstel eines menschlichen Haares breit sein, da nur eines von 200 Fasern des Leinengewebes auf dem Grabtuch von dem Licht getroffen wurde.

Nur die sogenannte UV-B – Dorno-Strahlung des ultravioletten Lichts – erfülle diese Anforderungen. Diese Lichtquelle muss von unvorstellbarem Ausmaß gewesen sein (1. Timotheus 6,16), dass dadurch in einer Analyse durch Röntgendarstellung sogar ein Abbild der Knochen und 23 Zähne sichtbar wurden und letztlich auch auf den Stoff übertragen wurden.

Dadurch lässt sich auf belegen, dass keine Beine und Knochen gebrochen wurden, was für eine Kreuzigung damals völlig untypisch war, da man damit verhindern wollte, dass sich der Gekreuzigte mit den Beinen nach oben drücken konnte, um besser atmen zu können. (Johannes 19, 32-33) *...Da kamen die Soldaten und brachen dem ersten die Beine und auch dem anderen, der mit ihm gekreuzigt war. Als sie aber zu Jesus kamen und sahen, dass er schon gestorben war, brachen sie ihm die Beine nicht; sondern einer der Soldaten stieß mit einer Lanze in seine Seite...*

Die Teilchenphysikerin Isabel Piczek ist der Auffassung, dass der Moment der Auferstehung durch zwei Ereignishorizonte, bei dem die Gesetze der Physik und Raumzeit verändert werden, begleitet wurde. Ein Ereignishorizont schneidet gewissermaßen die Raumzeit in zwei Hälften, so dass Raum und Zeit für einen sehr kleinen Moment gestoppt werden.

Die Physikerin stellt weiter dar, dass die Ereignishorizonte in der Körpermitte hervorgerufen und Kräfte unter und über dem Körper dazu geführt haben, dass das Grabtuch gestrafft wurde und die Quantenzeit auf Null zusammengebrochen ist. Dadurch wurde die Schwerkraft aufgelöst und der Körper muss parallel zum Tuch geschwebt haben, womit erklärt werden kann, dass keine Liegeabdrücke, deformierte Muskeln etc. auf das Tuch und das Abbild übertragen wurden.

Nur dadurch konnten die realen Proportionen der Körpervorderseite und der Körperrückseite im Moment der Auferstehung nach oben und nach unten als Abbild übertragen werden.

Nach der Darstellung der Physikerin Frau Isabel Piczek kann der Vorgang der Auferstehung als eine Art Urknall bezeichnet werden – Wissenschaftler bezeichnen dies als Singularität – bei dem ein unendlich kleiner Punkt, der am Anfang der Schöpfung stand und durch den Urknall den Beginn seiner Entstehung und Expansion ausgelöst hat.

Dieser Vorgang hat damals ein Erdbeben verursacht (Matthäus 28,2) ... *Und siehe, es geschah ein großes Erdbeben. Denn ein Engel des Herrn kam vom Himmel herab, trat hinzu und wälzte den Stein weg...* und im Grab Jesu Christi hat sich ein Vorgang zugetragen, der als Start einer neuen Schöpfung

bezeichnet werden kann. (2. Korinther 5,17) ...
Darum: Ist jemand in Christus, so ist er eine neue
Kreatur; das Alte ist vergangen, siehe Neues ist
geworden.

Die zahlreichen Fakten und Indizien hinsichtlich des
Grabtuchs von Turin lassen eindeutig darauf
schließen, dass die Auferstehung und damit Jesus
Christus Realität ist und das Grabtuch trägt das
Negativabbild von Jesus Christus - entstanden im
Moment der Auferstehung.

Schlusswort

Die Erkenntnis der Realität Jesus Christus scheint unfassbar und magisch zugleich. Meine Gedanken sehen immer wieder dieses Wunder und gleichzeitig denke ich darüber nach, wie ich mich persönlich weiterentwickeln kann und sollte.

Jeder Weg beginnt mit dem ersten Schritt

… und der Weg zurück in Paradies
… zurück zum Allganzen
… zurück zur bedingungslosen Liebe

…beginnt mit dem rechten und edlen Denken.

Auch wenn man mit diesem Buch alle Mosaiksteine als ein Gesamtbild wahrnehmen kann, blickt man erstaunt in die Unendlichkeit.

Jesus Christus ist das Einzige was bleibt.

Ehrt ihn.

Literatur

James Allen. 2017. Wie der Mensch denkt, so lebt er. München: mvgverlag

Varda Hasselmann und Frank Schmolke. 1995. Weisheit der Seele, Trancebotschaften über den Sinn der Existenz. München: Wilhelm Goldmann.

Uwe C. Schöne. 2007. Die Bibel des 21. Jahrhunderts. Wissen statt Glauben. Gottes Universum verstehen. Norderstedt: BoD – Books on Demand.

Wissenschaftliche Zusammenfassungen in Videos und YouTube-Beiträgen:

Expert Discovers Jesus' Death Certificate

Shroud of Turin Secrets That Continue to Baffle Scientists

TURIN SHROUD Images REVEAL Words 'THE LAMB' Written on Object Under The Beard

2018 UPDATE! SHROUD OF TURIN REVEALS SECRETS | STRANGE END TIMES SIGNS

Scientists "Jesus Rose From The Dead!" Astounding Proof!

Proof that the Shroud of Turin is the Burial Cloth of Jesus Christ!

Shroud of Turin ~ Amazing Proof of the Resurrection of Jesus.

Part 2 Science Explains Shroud Image NEW 2016 Video

Science Explains Shroud Image! 2016 BEST NEW VIDEO!

The Most Comprehensive Presention on the Shroud on YouTube 4

Shroud of Turin! HD 720p

Documented Evidence of Jesus' Resurrection

Zeitfracht Medien GmbH
Ferdinand-Jühlke-Straße 7
99095 Erfurt, Deutschland
produktsicherheit@kolibri360.de